primeiras piadas
Leonardo Zeine

cacha
lote

primeiras piadas
Leonardo Zeine

PP

PARESQUE	11
PARESQUE II	23
COMO É BOM DIZER O SEU NOME	33
OS COMOSSIS	57
OS DISQUES	67

Vamos à luta,
filhos da pátria.

PARESQUE

1

A poeira se espreguiça quando abro a porta e vejo seu corpo deitado de lado em minha cama. Os raios dourados cavam suas dobras, que me apresentam outras mil histórias suas.

2

E dizia: "Homem é assassinado no Largo Arouche em briga de trânsito".

3

Animais dançam em volta de uma fogueira, há fitas coloridas e um mastro. Tudo muito escuro: são porcos, sapos ou leões.

4

É este o momento. É ele quem vem ali. Não outro, mas ele.

5

— Meu senhor!, veja bem! Minha ideia é boa, por favor!
— Oh, meu querido, francamente…

6

— Filho, sua avó morreu.

1

Lembrar a luz, tocar o escuro e lá vai e lá vai.

2

Um adolescente que, por infantilidade ou bebedeira, atropela uma jovem grávida que, por lazer ou porque podia, caminhava na encosta de uma estrada.

3

"Mas ora! Passeio público respeitadíssimo!, região mui aplicada.

"De frente ao *hall*, Alameda Nothmann: pujante! Princesa Isabel segue firme em sua fronteira. Toda pronta de resguardo. Os corredores dão na Luz. E o caminho entre Júlio Prestes e dona Efigênia, a santa, oferece o que há de mais charmoso na cidade em se tratando de *real estate property*."

4

E mijar é maravilhoso. Um gemido, prazer agudo. Tudo muito fino, como se escutasse por todo o tempo um daqueles zumbidos de espanta-cachorro.

5

São sete da manhã. O bar acaba de abrir. É ano de 2021.

— O senhor tem por acaso o *quémel* duas bolinhas menta-e-melancia-plus?

— Tem porra nenhuma de *duas bolinhas é seu rabo*, ô viado.

— Cruzes! que horror!

6

Não se assuste, meu querido. É tudo muito simples. O amor acaba, a história existe e a loucura é grande, grande, grande.

1

É quando as folhas saltam das árvores, quando tomam um contorno muito mais definido do que é possível, quando dobram o espaço entre o plano e o fundo, que o tempo vem dizer o seu nome.

2

Era a culpada. Mas ninguém veio a saber. Movediça e mentirosa, Marcela assistiu à única gota de sangue manchar o piso da cerâmica branca. Como um espelho.

3

— Então me arrume os vinte, meu senhor. Esses vinte reais que eu vi na sua carteira. Me arrume os vinte e verá um irmão se arrumar num instante.

4

As dunas brancas desenhavam no horizonte um sem-caminho. Havia poucas lagoas e o vento fazia de tudo-parar.

5

— Não entendo de câmeras, não suspeito do filtro. Por favor, minha senhora, só resolva meu problema se possível?

6

E a voz do engraçadinho nunca mais foi ouvida.

1

O cheiro fino, doce, lembrava suicídio.

2

De um segundo a outro deu-se o pacto. Sabiam dos riscos, compreendiam o assinado, mas de comum acordo, não disseram nada. Em dois olhos e de volta, resistiram diabolicamente à tentação da linguagem.

3

Estavam de roupas pretas e olhos fundos. Aberta a porta, lá estava: Largo do Paissandu.

Seis da manhã de um domingo voraz.

Olharam em volta e decidiram correr.

Foram de uma vez até a Avenida, na entrada do metrô, sob urros zombeteiros dos que ali estavam com muito mais frequência.

— *Uhhhhh meninos! corram, corram!*

4

E tantos outros desses momentos de dizer mais das coisas. Tantas outras Marias que já habitaram esse pedaço de terra carioca. Todas em casas, sobre casebres sobre palafitas e a vista: que quase encosta no mar. O mar que por todo o tempo nos convidou para as suas cerimônias secretas.

5

A boca, o nariz, a pele, era tudo objeto.

Estava mesmo sozinho.

6

O primeiro minuto após declarado o fim da guerra.

— Mas que guerra?

1

Descendo a Avenida da Consolação, a morte parecia suave.

2

— Vinte reais.
— Aqui?
— Aqui.
— Não, muita gente.
— Trinta.
— Feito.

3

Acordou sozinho: Alameda Nothmann.
Primeiro o escuro.
Depois o molhado. O ferrossabor da gengiva.
Dois dentes sem as portas
e o nariz em quebra-mola
ao que gritou em cantoria:
— Oh planeta! Oh mais belo, sutil e suave planeta!

4

Minhas crianças brincavam de ladrão. De um segundo a outro, acabaram assassinando o passante, que se recusou a entregar a carteira. Não chegaram a saber, mas comprariam refrigerantes.

5

— Professor, então é como se fosse uma história?
— Isso, Pedro. É como se fosse uma história.

6

Aqui jaz Maria Vaz. Mãe de Santo e de outros doze filhos.

1

— Fique com deus, meu companheiro.
— E mande notícias também.

2

Não fazer nada com a sensação. Deixar que vá. Talvez seja essa.

3

— Quero apenas que se retrate — disse seu Tranca Rua na Ladeira da Memória.

4

O professor, muito elegante, terno preto bem cortado, barba feita, sapato engraxado, voltava-se à plateia com reverência.

Galanteava os presentes com frases sem voltas, numa língua sedutora que eliminava os adjetivos em função da clareza.

— ... o pensamento é maior que a linguagem.

E de repente, todos perceberam, o professor deu-se conta do tipo de afirmação que havia horas estava fazendo.

5

Nas esquinas, já se ouvia a palavra *metanfetamina*.

6

— Presta atenção numa coisa: se fôssemos para sempre jovens, não teríamos escrito uma linha sequer.

1

Só me lembro da franja nos olhos. Alegres.
Eu respondia com os meus: caindo.
— Será isto como se um adeus?

2

— Meu senhor, eu não vou me repetir. Eu quero um x-frango-sa-
lada-bacon.
— Um x-frango-salada-bacon?

3

— Agora me responda: como pode uma coisa *ser* por outra?

4

"Lá onde nos é autorizado a ter um corpo, mas não existe corpo algum,
lá, queremos dizer, existe um *espírito*", escreveu em seu caderno, o jovem
menino Ludwig Joseph Johann Wittgenstein.

5

O sonho de viver onde tudo pareça. Em fala de pedra.

6

No momento da despedida, deram-se as mãos pela primeira vez.

1

Avenida São João número 747 toda noite vibrava o Bar da Revolta.

2

"Disque é babado", reportou a nosso correspondente, o comerciante Alfredo Quitero.

3

— Me fode comossi você me amasse.

4

— Senhor, infelizmente não podemos autorizar tamanho exagero no uso de pimenta em nosso estabelecimento.

5

Na segunda, teve reza. Na terça, procissão. Quarta-feira, enquanto a mãe dormia, Dieguinho escalou sozinho a longa pilha de tijolos, fincou sua bandeira e jurou por tudo que lhe era mais sagrado nunca mais sentir medo de gente.

6

— O problema é que está tudo próximo demais.
— Mas que distância?

I

Era um menino muito bonito, Kaspar Hauser.

Os olhos tinham uma assinatura incrível, uma qualidade particular de não serem nem tranquilos nem atentos.

A pele imitava as árvores. Pelas bochechas, corriam pequenos riachos de água clara.

Os cabelos imprimiam-lhe força, assim como seu passado perdido imprimia-lhe força.

Origem é uma palavra limpa, com a qualidade particular de não ser nem da ciência nem de deus, nem do futuro nem do passado.

Estávamos em outro reino e falar, de repente, me parecia sujo.

2

Um beijo maravilhoso, acompanhado do prenúncio de todos os outros que viriam. Acabou deixando escapar:

— Paresque fala né.

3

— Ah quer dizer então que o meliante-pichador é estudante universitário?

4

— Fiz tudo isso pra que isso acabasse.

5

— Olha senhora… sobremesa *sobremesa* nós não temos. Mas posso falar com o chefe, de repente dá pra fazer uma criatividade.

6

Olhou o fundo, fascinou-se, morreu por toda a vida.

Olhou o fundo, fez anotações e foi viver.

— Mas que poço?

PARESQUE II

1

G: Afinal, o que quer o atleta?

A: Quer o mesmo que o computador.

G: E onde se encontra o passado?

A: Quem guarda o passado são as cantoras de cabaré.

G: O passado se encontra…

A: …com as cantoras de cabaré.

G: E o que se ganha, o que se perde, onde estão no pódio do mundo?

A: Estão onde descansam os dois pratos da justa balança.

A: Devemos continuar?

G: Segue sem erro.

A: Acha que devemos continuar?

G: Só vá até onde teu santo te autoriza.

G: Qual é o melhor do que faço?

A: O que faz por nossa família.

2

— Minha senhora, às vezes vocês esquecem que eu vendo livros, não histórias. Quem canta o passado é cantor de cabaré. Já dizia minha mãe.

2

— Orgulhoso ein, seu Alfredo?
— Eeeeeu?! Imagine.

2

A cerimônia acontecerá *pela parte da manhã*.

2

— Mas o que isso me ensina?
— Uá meu bem…
—
— Ensina quiá vida… quiá vida é com cuidado.

2

— Foi o que disse a professora. Eu me lembro bem. "És, Alfredo, o mais gentil dos fracassados."
— Cruzes, seu Alfredo, que horror!

2

Lembrar de quando em quando que faz bem tentar esquecê-las. Ver meu mundo seguir à sua maneira.

3

Faço pelo comediante
pela geometria
pelo que deixa de ser importante.

Faço para ter de parar,
por uma certeza postiça,
Faço para ser pego em flagrante.

Faço pelo estado de graça.
Pelo mau teor da conduta,
como disseram.
e pelas casas a perder de vista.

Pelo lânguido, sempre escrito.
Pelas coisas que náo nos deram de bandeja.

Faço porque sempre se pode aprender
uma ou outra coisinha.
Pela perfumaria.

Faço tudo que faço
pela perfumaria.

Somente a lazer
pelo que veio
a ser o mais cabível.

como quando dizemos amigo.
como quando
a nos apresentar
dizemos
amigo.

4

G: Como médisse um burro?
A: Médici dos pés à cabeça.

G: Como si conhesse a cidade?
A: Fumando cachimbo, andando na praça.

G: Como siamarra um cabresto?
A: Da mesma maneira comossifaz um navio.

G: E a família, seu Alfredo? como vai?
A: Vai muito bem obrigada.

5

Ao meio-dia, na Igreja de São Jorge, Saara, centro do Rio, uma senhora se consulta com uma cigana.

Estão sentadas na última fileira, de modo que, passado o velário, saltam aos olhos de quem entra as contas douradas da cigana, o vermelho aveludado.

A senhora por sua vez descansa as pequenas garrinhas sobre uma bolsa de couro preto, bem junta a seu colo.

Mais parecem trocar histórias, rememórias do falicido.

Não percebem o par de gêmeos caminhar em silêncio até o Dragão, sob a pesada encomenda de pedir por dois.

ㄐ   5

— Conhece seu Sete?
— Seu sete?
— Seu Sete.
— Conheço não.

5

— Prezo, ele me disse uma vez, por cada pingo sagrado dessa obscenidade maravilhosa.

— Deus que me perdoe.

5

"Esse aqui... é uma máquina do bonito. É o que eu chamo de Bonito. Madeira, tecido, chumbo.

"Não descreve nada. É uma máquina."

6

"Nesse caso", seu avô dizia, "mais fácil era virar poeta".

6

— Um absurdo. Vive como um eremita e acha sinceramente que não.

6

— É, fia… meu Alfredo foi no mês do aniversário. Dum gênio terrível… filho do homem, fio de Oxóssi.

— Foi no clube que a gente se conheceu.

— Ganhava de todos.

— Jogava com as cartas de ponta-cabeça.

6

A: Segurei sua mão comossi me guardasse um molde.

A: Um erro medonho.

6

— Vá com calma também, seu Alfredo. É só tristeza.

— Tá certa, fia. *É só tristeza.*

COMO É BOM DIZER O SEU NOME

35

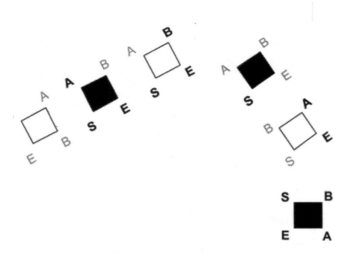

Saber é responder com sucesso a uma outra pergunta.

Permaneço com a minha,
Sebastiana.

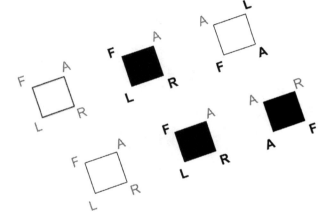

39

Desde que te vi na antessala iluminada

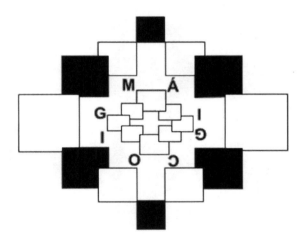

43

é só o que consigo dizer.

Vamos juntar nós dois à semelhança

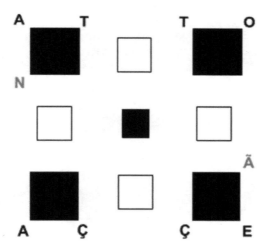

Vamos inaugurar
Sebastiana

o mundo dos fatos.

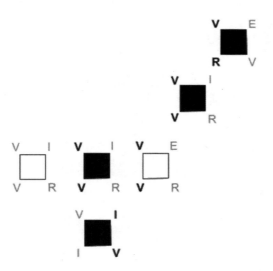

Do que isso foge:

não deixo me ver.

OS COMOSSIS

— Nenhum interesse em fazer dinheiro com qualquer que seja o esquema de corrupção.

Dona de G.

— Não me sinto "incorruptível" — mexendo mais que os dois dedos de cada mão — Já abri as pernas, foi-se o tempo.

— Diz-se que uma coisa cafona, um tanto de cá pra lá, quiprocó de Santo Antubas – oito ovos na boca – primeiro o tabaco, depois o amor.

— Então senta, meu filho. Acalma.

— Acalma que o tabaco já vem.

— São um milhão de metáforas que vim arrolando com o tempo, das coisas que vi. O tradutor, o espiral, o poço sem fundo.

— Vá, fale mais, que mimporta.

— O que eu acho é que não tenho dom para a pobreza. Nem dom nem coragem. Coisa estúpida de se dizer. Mas o trabalho... veja. O trabalho é repugnante, é óbvio, as impressoras são grudentas e asquerosas demais, é óbvio, os documentos são excrementos submolecular. Tudo isso bastante claro.

— E?

— E que a fricção entre asco e ódio me produziu carvão. Superado, o que quero dizer. Assintótico. Meu setor de cobranças indevidas, isto é, o setor de cobranças que não deveriam ser feitas, segue às mil maravilhas. Não sou chamado para festas, não fui padrinho do meu estagiário. Mas com alguma esperteza, me pus onde ele corre. Um pouco de tempo, é verdade, mas se não fosse com isso, seria atrás de um amor impossível. Não quero ser monge. Reservo-me as noites, paciente. E não imagina como tenho energia. Um garoto realmente. Minha vida não é a longa greve que fora a do Monstro. Acaba que não me importa.

— Não o culpo.

— Nem nunca te dei o direito.

— Às trincheiras! — de riso gordo.

— Somos sujeitinhos repugnantes. E há de sair algo daqui mesmo.

O TORSO

— Veja bem. Minhas orelhas estão de pé, como se diz. Então basta levantar os braços. Até que o cotovelo alcance a altura das têmporas. Com as palmas das mãos bem abertas, assim. Segurando a base do taco.

— Posso ver.

— E com as costas curvadas, os pés firmes acompanhando a largura da cintura, as coxas tensionadas, as panturrilhas ativadas, os joelhos franzidos, o abdômen encerrado, alavanca a dorsal num giro profuso de estrondo acertado.

— E então seguir

— Com os olhos.

— E então seguir

— Com os olhos. A fonte de uma rede cada vez mais larga, que puxa para a frente como vácuo. Um cone na direção do horizonte mais e mais largo, sinta o movimento, até que longe, bem longe quase que lá, finalmente ela irá pousar. Quando já a quase mais nada estava ligada.

Inspira.

Espira.

A GRAÇA E A VALENTIA

A Graça e a Valentia caminhavam por uma estrada de terra. Quem estava triste não se sabe, mas o diálogo que ocorreu foi como se segue:

— De tud'um certo: pracoisa andar, pra quiacoisa aconteça, é preciso quialguém— respira— goste da ideia do outro. Só assim quié possível.

— E do que isso me convence?

— Quiavida é mais qui-isso.

— Que isso o quê?

— Plantar bananeira, fazer malabares.

OS MENINOS

Os meninos se arrumavam para o banho. Ainda contando vantagem de bola, os braços teimando em estar suados.

Caminhavam alegres: o poeta, o belo, o grandalhão e o estudioso. Como anjinhos, vagueavam pelos caminhos do quartel, imiscuídos sem espaço aos soldados, estes de pele mais escura, de músculos mais fortes.

Já sob o musgo verde do vestiário de concreto, iniciam, a sós, a lenta cerimônia. As camisas de algodão são dobradas: lá estão as axilas; as meias pretas são retiradas: o entre-dedos; os shorts azuis caem aos pés: o inflado molde.

Conta-se, então, que um soldado desavisado entra no mesmo vestiário para o banho sem divisórias.

Assustados com a presença de um mais velho, mais forte, mais escuro, interrompem o curso já treinado das explorações e passam a cobrir-se. Vão um a um ao chuveiro e assistem desolados o rio pelo que são levados; todos, a um ralo comum.

O soldado, com aqueles enormes culhões nas mãos, tomando a água fria nas costas, encara um a um os meninos: o poeta, coitado, sofre como que sofre a galinha; o estudioso finge nem se dar ao trabalho; o grandalhão acha graça, o belo envergonha-se.

— Podem se despir. Todos têm um, cada um tem o seu.

O poeta, duro como porrete, corre em direção à cabine, temeroso de que algo lhe aconteça. O estudioso, agora livre das amarras, se ensaboa meticuloso: pelo por pelo. O grandalhão ri de ronquinho e o mais belo apalpa seu orgulho, aceitando desejar sua própria pele.

Tristes e bêbados, os pés de Alfredo caminhavam pelo calçadão a pena que era seu corpo. Não bastasse o que sofria, o pôr do sol tinha ainda de ser rosa neon. A ressaca fresca de orvalho, tinham mesmo de ser verdes os morros. Os torsos de bola, cachorros saudáveis.

Tudo parecia zombar.

Lembrava-se de seu rosto e chorava. Refazia-lhe as juras, e chorava. Remontava seus planos e, enfadonho, chorava.

— Pra quê todas aquelas verdades?

— Se é na mentira que se vive, se é na mentira que se vive!

— E todo mundo já sabe.

— Menos ele.

— Nem mais ri de minhas piadas.

O dia havia sido quente, a tarde completamente inútil. Os peões começavam, lentamente após o almoço, a tomar posição.

Os convidados foram chegando, as garrafas também foram chegando e, algum tempo depois, sem alarde, todo o pão já havia sido devorado.

Os namorados, mais amantes do que nunca, estavam vestidos de rosa. Dentre os outros presentes, cada um maquinava o seu próprio problema.

O dia havia sido quente, a tarde completamente inútil. Os peões começavam, lentamente após o almoço, a tomar posição.

Depois da festa, a ressaca. As dores de cabeça e o sexo com gosto de orgia, sexo rosa. Palavras apressadas, fogos de todas as cores:

— Casa comigo?

— Caso.

— Casa também?

— Caso de novo.

OS DISQUES

1

... e a sensação era de um como se a vista esfumaçasse, como se a vida só pudesse ser dita em metáforas.

— E que metáforas? — o jovem Ivo se perguntava.

— Que metáforas são essas já que a vida é toda viva?

Não se conformava.

Os filhos que teria com Lisa não passavam de uma ideia, já morta, e os nomes que deram a Guili e Dani não valiam mais que dois verbos jogados fora, como "vou ali comprar pão", "não esqueça de *não* comprar os cigarros", doze anos que estavam limpos seus pulmões. Veio o gosto da fumaça na boca.

— E o que sobra de uma ideia?

Era isso que queria. Lisa com seus cabelos ruivos, chamativos naquela manhã, era isso que queria dizer com a carta, uma hora depois. De uma escrita precária, imunda, deixada sobre a mesa como deixavam as compras, como ainda se habituavam a deixar as compras. Pois em um mês são poucos os hábitos estabelecidos.

— Não é possível.

Ainda mais se tratando de uma ideia.

— Na verdade, é tão possível que é exatamente o que acontece diante dos seus olhos.

O apartamento vazio, o vento que fazia a curva nos objetos que Lisa nem fez questão de levar.

— As coisas se apresentam aos olhos como querem.

Querem quem?

— Queremos nós

Agora sabe.

Sabe que a pele branca, cheia de sardas de seu filho Guili se apresentaria como ele bem quisesse, assim como sua timidez tão marcada e a miopia que muito lhe atrapalharia a carreira de fotógrafo.

Imaginar não era o que mais incomodava a Ivo. Não era ter de criar o futuro promissor de Dani, que em algum momento, iria para a Europa. Futuro que um dia foi de todo o caso.

Era a falta de sutileza. Isso sim. Isso sim.

— Uma carta?

O brinquedo esquecido na loja. Avenida Jorge Amado, número 47, onde costumava passar com Lisa e as crianças aos domingos. Não que não fosse lindo. Não que não fosse bem conservado, que não trouxesse dicas de uma história muito bem colorida – homem insidioso, português da serra, que o trouxe debaixo do braço num transatlântico para o Brasil em 1935.

Sim porque seu filho Dani, este mais ligado às ideias que aos brinquedos, não se atentou. Não parou com os olhos. Não deixou ver.

O prazer de colecionar era um prazer desconhecido de Lisa.

Agora na Bahia.

Duas vezes menos pálida. Cabelos outras vezes mais corados.

Sem seus filhos que por acaso, não vieram a ser.

— Eu vou enlouquecer — disse Ivo em voz alta.

Brincadeira aqui brincadeira ali, pode mesmo acontecer de a gente se engraçar nas voltas do espírito. Mas mandaram te dizer, meu querido, que seus dois filhos cantam todo ano uma cantiga em sua homenagem e entregam, a outras crianças, os presentes que um dia você chegou a dar a eles.

2

...as sombras cruzavam a torto e a direito e as silhuetas – somente silhuetas, o que era muito curioso, pensava consigo, muito mais curioso que a visão de um corpo inteiro – andavam pela sala voando em trajes brancos.

— Quem são esses, meu deus? — perguntava-se a Ilustre. — Por que tão eretos?

Era muito claro para nós, que a acompanhamos por todo este tempo de um ponto de vista privilegiado da história, que Laura perdera o controle sobre sua vida, assim dito no abstrato, e que esse controle – mesmo que uma definição nos escape – tenha se transformado em deriva.

Seus ventos recentes, como se diz, estavam quase sempre revestidos por um véu opaco, quase transparente mas ainda muito firme e indelével e, não sem contradição, com um cheiro químico muito reconhecível.

— Mas psicótica? — era incrível, Laura pensava.

Se olharmos bem, não fora exatamente a substância que lhe levara àquela sala e se eu fui bem-sucedida em contar a história, deixei ao menos indicada a minha visão sobre os fatos, que reconheço serem bem mais profundos que um simples nariz entupido ou uma paranoia insone de algumas horas.

A verdade é que aprendera que o curso normal das vidas segue de tal maneira normal que nos acostumamos a chamá-lo de destino, então com o que se preocupar? Era essa a verdadeira questão.

Os fatos do mundo, assim Laura dizia, e eu assino embaixo, não são nada senão isso: fatos do mundo que, num conjunto com o todo, vem por acaso a ser o caso – expostos os fatos à frente, o que se anuncia é somente um vaso de plantas. Ou a silhueta de uma linda mulher.

Muito curioso, diziam os médicos.

— Nada é necessário — respondia Laura.

Nesse momento, sabe-se que a linha de chegada é o final de uma corrida contra o tempo, que após o arremate de toda experiência, inicia-se num outro ritmo: o ritmo de uma nova Laura que não nos cabe mais.

Peço que não se revoltem contra mim, que me fiz de cavalo e nada mais, numa tentativa de honrar o que vi de Laura Derne, ilustre personagem da capital paulistana, mas que perdeu seu título, suas aspirações e suas companhia em nome do sonho de se tornar – assim entendo – um outro corpo: um corpo aumentado.

— Eu vou enlouquecer — dizia Laura.

Só agora é que dizia. Mas a afirmação era um tanto descabida. Laura, na verdade, sempre procura por um pouco mais de sanidade. O espaço da loucura, muito estreito e se te chamamos a decidir, eu e nossos leitores, minha querida Laura, diremos em coro: vejo-te no Largo do Arouche às treze horas, no banco de concreto de onde possamos ver o mercado das flores e tomar uma cerveja gelada, para quem sabe dar uns tirinhos e acalmar os nervos, nós e um outro bando de safados.

Sei também que devo a vocês, num futuro próximo, um outro livro, que conte este novo momento de Laura, no Hospital Psiquiátrico do Juqueri, e prometo fazer de tudo para que – mesmo que agora eu já tenha exposto o fato de que existo – deixar esta existência por debaixo do pano, mais uma vez, num pacto bastante agradável à leitura. O que não posso prometer é que o próximo volume seja tão bem apessoado quanto esse que você segura. As vendas serão satisfatórias, apontam as pesquisas de meus editores, mas a história muito menos incrível.

E a você, caro leitor ou leitora, que se pergunta do porquê de minha súbita aparição justo agora, no fim de nossa jornada, pergunto de volta: e o que imaginava?

Que a história vinha sendo contada por si só? Meus queridos, e venho me repetindo, as metáforas existem porque vivemos num mundo bastante real.

Se quiserem levar algo de mim para o futuro levem isso: as metáforas existem porque vivemos num mundo bastante real.

3

…"como a chuva, que parece contínua", "como a morte que um dia acaba", coisas como estas que ditas na boca de um amor – grande escritor que é o amor – cavam no medo a infinita coragem.

Foi com essa aspiração que Alfredo deu adeus à terra natal, a tão amada Passa-Quatro de sua infância.

Idalva não chorou. Cumpriu sua promessa e deixou o velho marido na beira da estrada, não sem duas roscas de milho e uma garrafa térmica de café, que, disse, era para dividir com os colegas. Deu um beijo em sua testa e partiu para o resto de sua vida sozinha: cuidar das poucas galinhas, do pasto, do telhado, que teimava em dar trabalho todo verão.

Viu o caminhão se afastar e logo percebeu que sentiria falta dos gritos de Alfredo pela manhã, quando apontava a garganta para a Mantiqueira e dizia, cada dia um diferente, votos de bom dia.

— Que toda gaivota tenha hoje o que comer.

— Que todo o parafuso possa ser utilizado da melhor maneira possível.

— Que toda antiguidade possa achar seu justo preço em leilão.

Sentiria falta do café forte e do gosto de tabaco quando lhe beijava a boca. Mas já tinha tempo que as loucuras de Alfredo vinham se tornando insustentáveis.

Estava cansada de ouvir sobre as escavações da Pedra da Mina, de abraçá-lo toda vez que voltava do Pico do Jaraguá – como era forte o homem – sem encontrar a tal libélula vermelha de seu sonho.

Também não compreendia uma palavra do que Alfredo vinha escrevendo, pendurando na geladeira, distribuindo no centro da cidade, comentando com os parentes, em especial com as crianças. Parecia que tinham tomado mãos diferentes de uma mesma locomotiva e Idalva sentia que seus olhos, quando se olhava no espelho pela manhã, estavam rebaixados, quase sempre apontando para o chão.

Naquele dia, dentro do ônibus que beirava a praça central de Passa-
-Quatro, na volta do posto em que viu o marido pela última vez, Idalva viu
as crianças na praça, ansiosas pela roda-gigante, que só abriria dali a duas
horas. Viu também os peões fumando cigarros de enrolar sob as marquises
da padaria de Iracema. Viu o sol se abrir, como não vinham vendo, e viu
com uma clareza muito particular que no mundo, minha filha, estamos
mesmo sempre sozinhas. Justo agora pensar uma coisa dessas.

Olhou o mais longe que pôde e enxergou na Mantiqueira detalhes
que há muito não cruzavam os seus olhos. Não era a montanha mais ou
menos espetacular agora que se atentava a ela. Apenas se tornava possível.
E em sua cabeça, estampava-se, sem saber por quê, a palavra *dignidade*.

Sorriu, fez uma pequena prece a seu marido e desceu do ônibus,
disposta a olhar por todo o dia, se quisesse, o sorriso das montanhas, o
contorno das crianças.

— Como pode uma cidade ser mais nova que gente?

Idalva caiu na gargalhada. Ainda achava muita graça daquela frase.
E não é que ele estava certo?

— Uma oportunidade única! Pegar uma história do início. Sabe
quantas vezes isso acontece na vida de uma pessoa?

Corações aventureiros quando se encontram falam entre si ao pé do
ouvido. Com dois sorrisos e meio silêncio.

Naquela manhã – Idalva ainda remontava seus passos, Alfredo juntou
sua meia dúzia de roupas e foi para Brasília tentar a vida de poeta.

CARA LEITORA, CARO LEITOR

A **Cachalote** é o selo de literatura brasileira do grupo **Aboio**.

Lemos, selecionamos e editamos com muito cuidado e carinho cada um dos livros do nosso catálogo, buscando respeitar e favorecer o trabalho dos autores, de um lado, e entregar a vocês, leitores, uma experiência literária instigante.

Nada disso, portanto, faria sentido sem a confiança que os leitores depositam no nosso trabalho. E é por isso que convidamos vocês a fazerem cada vez mais parte do nosso oceano!

Todas as apoiadoras e apoiadores das pré-vendas da **Cachalote:**

— têm o nome impresso nos agradecimentos dos livros;
— recebem 10% de desconto para a próxima compra de qualquer título do grupo Aboio.

Conheçam nossos livros e autores pelo site **aboio.com.br** e siga nossos perfis nas redes sociais. Teremos prazer em dividir com vocês todos nossos projetos e novidades e, é claro, ouvir suas impressões para sempre aprendermos como melhorar!

Embarque e nade com a gente.

Cada livro é um mergulho que precisa emergir.

APOIADORAS E APOIADORES

Agradecemos às **183 pessoas** que confiam e confiaram no trabalho feito pela equipe da Cachalote.

Sem vocês, este livro não seria o mesmo.

A todos os que escolheram mergulhar com a gente em busca de vozes diversas da literatura brasileira contemporânea, nosso abraço. E um convite: continuem acompanhando a Cachalote e conheçam nosso catálogo!

Adriane Figueira Batista, Alexander Hochiminh, Aline de Aquino Maia, Allan Gomes de Lorena, Ana Beatriz Garcia, Ana Beserra Silva, Ana Maiolini, Ana Maria Zeine Marotta, André Balbo, André Costa Lucena, André Pimenta Mota, Andreas Chamorro, Andressa Anderson, Anna Martino, Anthony Almeida, Antônia Midena Perrone, Antonio Luiz de Arruda Junior, Antonio Pokrywiecki, Arthur Lungov, Artur Machado Lacerda, Beatriz Carvalho Alves, Berfin Bastug, Bianca Monteiro Garcia, Bruna Caixeta de Sousa, Bruno Coelho, Caco Ishak, Caio Balaio, Caio Girão, Calebe Guerra, Camilo Gomide, Carla Guerson, Caroline Braz de Oliveira, Cássio Goné, Cecília Garcia, Cintia Brasileiro, Claudine Delgado, Cleber da Silva Luz, Cristina Machado, Daniel A. Dourado, Daniel Dago, Daniel Dourado, Daniel Giotti, Daniel Guinezi, Daniel Leite, Daniel Longhi, Daniela Pinheiro, Daniela Rosolen, Danilo Brandao, Denise Lucena Cavalcante, Dheyne de Souza, Dina Leber, Diogo Mizael, Diogo S. A. Lessa, Dora Lutz, Eduardo Rosal, Eduardo Valmobida, Enzo Vignone, Eric Verhoeckx, Fábio Franco, Febraro de

Oliveira, Felipe Leite Reis, Flávia Braz, Flávio Ilha, Francesca Cricelli, Francis Aline Marotta, Frederico da C. V. de Souza, Frederico Ravioli, Gabo dos livros, Gabriel Caticha, Gabriel Cruz Lima, Gabriel Mello da Cunha Longo, Gabriel Nogueira, Gabriel Pacheco, Gabriel Passos Moreira Pinheiro, Gabriel Stroka Ceballos, Gabriela Machado Scafuri, Gael Rodrigues, Giselle Bohn, Greta Comolatti, Guilherme Belopede, Guilherme Boldrin, Guilherme da Silva Braga, Guili Minkovicius, Gustavo Bechtold, Henrique Emanuel, Henrique Lederman Barreto, Ivana Fontes, Jadson Rocha, Jailton Moreira, Jefferson Dias, Jessica Ziegler de Andrade, Jheferson Neves, Joana Barossi, João Luís Nogueira, Júlia Gamarano, Julia Gaspar Thompson Ferreira, Julia H. Joia, Júlia Vita, Juliana Concerino Ito, Juliana Costa Cunha, Juliana Passos Ferreira de Souza, Juliana Slatiner, Júlio César Bernardes Santos, Laís Araruna de Aquino, Lara Haje, Laura Redfern Navarro, Laura Viana, Leitor Albino, Leonardo Pinto Silva, Lili Buarque, Lolita Beretta, Lorenzo Cavalcante, Lucas Ferreira, Lucas Lazzaretti, Lucas Motta, Lucas Verzola, Luciano Cavalcante Filho, Luciano Dutra, Luis Felipe Abreu, Luisa Cytrynowicz, Luísa Machado, Luiz Felipe Roque, Luna Araújo, Maíra Thomé Marques, Manoela Machado Scafuri, Manuela Gatto, Marcela Marotta, Marcela Roldão, Marcelo Conde, Marcelo Hotimsky, Márcio Vermelho, Marco Bardelli, Marcos Vinícius Almeida, Marcos Vitor Prado de Góes, Maria de Lourdes, Maria Fernanda Vasconcelos de Almeida, Maria Inez Porto Queiroz, Mariana Donner, Mariana Figueiredo Pereira, Mariana Pedroza, Marina Lourenço, Mateus Magalháes, Mateus Marques, Mateus Torres Penedo Naves, Matheus Pestana, Matheus Picanço Nunes, Mauro Paz, Mikael Rizzon, Milena Martins Moura, Moisés Dos Santos Reis, Natália Cancela Moreira Leite, Natalia Timerman, Natália Zuccala, Natan Schäfer, Nathalia Bertolo,

Nicollas Cozzolino do Nascimento, Otto Leopoldo Winck, Pamela Ione Alves Monteiro, Paula Luersen, Paula Maria, Paulo Scott, Pedro Henrique Cabral de Souto, Pedro Torreão, Piera Schnaider, Pietro A. G. Portugal, Rafael Mussolini Silvestre, Renzo Comolatti, Ricardo Kaate Lima, Rodrigo Barreto de Menezes, Salma Soria, Samara Belchior da Silva, Sergio Mello, Sérgio Porto, Thais Fernanda de Lorena, Thassio Gonçalves Ferreira, Thayná Facó, Tiago Moralles, Valdir Marte, Victor Maia, Vinicius Froncillo Heleno, Weslley Silva Ferreira, Wibsson Ribeiro, Yvonne Miller.

PUBLISHER Leopoldo Cavalcante

EDITOR-CHEFE André Balbo

REVISÃO Camilo Gomide

ASSISTÊNCIA EDITORIAL Nelson Nepomuceno

DIREÇÃO DE ARTE E CAPA Luísa Machado

COMUNICAÇÃO Thayná Facó

COMERCIAL Marcela Roldão

PROJETO GRÁFICO Leopoldo Cavalcante

ILUSTRAÇÃO Greta Latti

© da edição Cachalote, 2024
© do texto Leonardo Zeine, 2024
© da ilustração Greta Latti, 2024

Todos os direitos reservados. Nenhuma parte desta obra pode ser reproduzida, arquivada ou transmitida de nenhuma forma ou por nenhum meio sem a permissão expressa e por escrito da Aboio.

Grafia atualizada segundo o Acordo Ortográfico da Língua Portuguesa de 1990, que entrou em vigor no Brasil em 2009.

Dados Internacionais de Catalogação na Publicação (CIP)
Eliane de Freitas Leite— Bibliotecária— CRB-8/8415

Zeine, Leonardo
   Primeiras piadas / Leonardo Zeine -- São Paulo : Cachalote, 2024.

   ISBN 978-65-982871-5-3

   1. Poesia brasileira I. Título

24-207889   CDD-B869.1

Índices para catálogo sistemático:
1. Poesia : Literatura brasileira

[2024]

Todos os direitos desta edição reservados à:
ABOIO EDITORA LTDA
São Paulo— SP
(11) 91580-3133
www.aboio.com.br
instagram.com/aboioeditora/
facebook.com/aboioeditora/

[Primeira edição, outubro de 2024]

Esta obra foi composta em Adobe Garamond Pro.
O miolo está no papel Pólen® Bold 90g/m².
A tiragem desta edição foi de 300 exemplares.
Impressão pelas Gráficas Loyola (SP/SP)

A marca FSC® é a garantia de que a madeira utilizada na fabricação do papel deste livro provém de florestas que foram gerenciadas de maneira ambientalmente correta, socialmente justa e economicamente viável, além de outras fontes de origem controlada.